29 MARS 1886

Vente des Lundi 29, Mardi 30 et Mercredi 31 mars 1886

HOTEL DROUOT, SALLE N° 5

A DEUX HEURES 1/4

JOLI MOBILIER

ANCIEN ET DE STYLE

OBJETS D'ART & DE CURIOSITÉ

BEAUX BIJOUX

TRÈS BELLES CANTONNIÈRES EN TAPISSERIE LOUIS XVI

TABLEAUX — PASTELS

Me G. PIERRON	M. A. BLOCHE
COMMISSAIRE-PRISEUR	EXPERT
88, rue de la Victoire, 88.	23, rue Chauchat, 23.

EXPOSITION PUBLIQUE : Le Dimanche 28 Mars 1886

DE 1 HEURE 1/2 A 5 HEURES

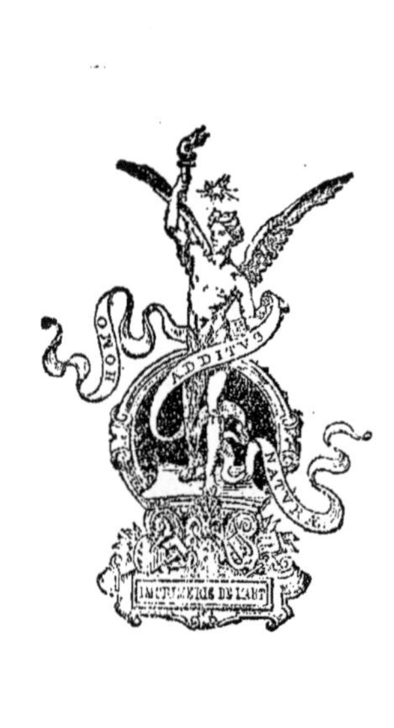
HOMO
ADDITVS
NATVRÆ
IMPRIMERIE DE L'ART

CATALOGUE

D'UN

JOLI MOBILIER

RENAISSANCE, XVIIe & XVIIIe SIÈCLES

Meubles en bois sculpté et ornés de bronzes

Pour Salons, Salle à manger, Chambres à coucher
Boudoir, Cabinet de travail, etc.
Piano d'Érard — Orgue d'Alexandre

OBJETS D'ART & DE CURIOSITÉ

Beaux Bronzes — Argenterie — Porcelaines
Faïences — Armes — Tableaux — Aquarelles — Gravures

Diamants — Perles — Pierres de couleur

Bijoux de fantaisie — Dentelles
Très belles Cantonnières en tapisserie de Beauvais,
époque Louis XVI

DONT LA VENTE AURA LIEU

HOTEL DROUOT, SALLE N° 5

Les Lundi 29, Mardi 30 et Mercredi 31 Mars 1886

A 2 HEURES 1/4

Me G. PIERRON
COMMISSAIRE-PRISEUR
88, rue de la Victoire, 88.

M. A. BLOCHE
EXPERT
23, rue Chauchat, 23.

EXPOSITION PUBLIQUE : Le Dimanche 28 Mars 1886

DE 1 HEURE 1/2 A 5 HEURES.

CONDITIONS DE LA VENTE

Elle sera faite au comptant.

Les acquéreurs paieront, en sus des adjudications, cinq centimes par franc applicables aux frais.

L'exposition mettant le public à même de se rendre compte de l'état des objets, aucune réclamation ne sera admise une fois l'adjudication prononcée.

Paris. — Imprimerie de l'Art. E. Ménard et J. Augry,
41, rue de la Victoire, 41.

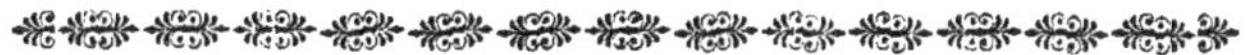

DÉSIGNATION DES OBJETS

OBJETS D'ART ET D'AMEUBLEMENT

TAPISSERIES

1 — Deux très belles cantonnières en tapisserie de Beauvais de l'époque Louis XVI, représentant une élégante draperie fond crème à franges jaune d'or avec glands, enguirlandée de fleurs.

En bel état de conservation. — Haut., 4 m. 35 cent.; larg., 2 m. 40 cent.

MEUBLES

2 — Ameublement de salon en chêne ciré, époque Louis XVI, recouvert en cretonne moderne, composé de : un canapé, deux fauteuils, huit bergères, une chaise longue.

3 — Ameublement, même époque, composé de : un canapé, une bergère, trois fauteuils, huit chaises.

4 — Écran en chêne sculpté. Époque Louis XVI.

5 — Console en bois sculpté, dessus marbre, même style.

6 — Glace époque Louis XVI, cadre doré.

7 — Glace partie ancienne et partie restaurée, cadre doré.

8 — Quatre panneaux en tapisserie au petit point, époque Louis XIV, ancien paravent.

9 — Table de trictrac, chène sculpté. Epoque Louis XVI.

10 — Table en chêne sculpté. Époque Louis XV.

11 — Table carrée, chêne sculpté. Epoque Louis XIII.

12 — Magnifique bureau, époque Louis XVI, en acajou, à filets cuivre et motifs en bronze doré, tiroirs à secrets.

13 — Écran, époque Louis XVI, bois doré et satin broché.

14 — Console, même époque, bois doré et sculpté, à dessus de marbre.

15 — Table à jouer, ancienne, en acajou et marqueterie de bois.

16 — Bibliothèque en noyer ciré, à colonnes torses.

17 — Deux petits guéridons, bois sculpté, à pieds tors.

18 — Jardinière ovale, en bois noir, formée de plats en porcelaine du Japon.

19 — Bahut hollandais, ancien, en bois sculpté, chêne et palissandre.

20 — Bahut formé de panneaux de bois anciens.

21 — Très belle commode ventrue, en acajou. Époque Louis XV.

22 — Belle armoire hollandaise, époque Louis XIII, marqueterie de bois.

23 — Lit, époque Louis XVI, acajou à filets de cuivre.

24 — Table de nuit, analogue.

25 — Commode, même époque, bois de rose et bronze doré, dessus de marbre.

26 — Chiffonnier-secrétaire semblable.

27 — Toilette semblable avec glace.

28 — Bel ameublement de chambre à coucher en bois noirci, de style Renaissance, composé de : un lit de milieu, une armoire à glace, une table de nuit à dessus de marbre.

29 — Commode-psyché, même style.

30 — Secrétaire, même style, dessus de marbre.

31 — Table, même style, dessus de marbre.

32 — Grande glace biseautée pour cheminée, même style.

33 — Toilette ancienne en marqueterie de bois et sa garniture complète, en porcelaine et cristaux anciens.

34 — Bidet ancien, cuvette en faïence de Rouen.

35 — Petit guéridon, à dessus de marbre, acajou et bronze doré. Époque Louis XVI.

36 — Commode, époque Louis XV, en merisier et bronze doré.

37 — Deux fauteuils cannés, anciens.

38 — Grande armoire à linge ancienne.

39 — Grand buffet et deux servantes en chêne. Style Louis XIII.

40 — Quatre chaises anciennes en merisier, foncées de paille.

41 — Table d'architecte, en acajou, articulée.

42 — Piano droit d'Érard.

43 — Garniture de cheminée, style Louis XVI, composée d'une pendule et deux candélabres en bronze et porcelaine d'Allemagne.

44 — Belle galerie de foyer Louis XVI, en bronze doré.

45 — Flambeau de bouillote, bronze doré. Epoque Empire.

46 — Lustre en verre de Venise.

47 — Très belle pendule époque Louis XVI, bronze doré, sujet : la Victoire couronnant un guerrier.

48 — Deux candélabres, bronze doré et marbre blanc, époque Louis XVI : Femmes tenant des girandoles.

49 — Belle pendule Empire en bronze : Thésée vainqueur du Minotaure.

50 — Pendule, époque Louis XIV, en marqueterie de Boule, ornée de bronzes dorés, sur socle d'applique.

51 — Deux chenets anciens hollandais, en cuivre poli.

52 — Deux bras d'appliques à quatre lumières, bronze doré. Style Louis XVI.

53 — Deux girandoles, bronze doré, dans un vase en porcelaine blanche. Époque Louis XVI.

54 — Deux chenets bronze doré. Époque Louis XVI.

55 — Pendule et deux candélabres. Époque Empire.

56 — Jolie garniture composée d'une grande pendule marbre, sujet en bronze : l'Amour et Psyché, deux flambeaux, deux candélabres en bronze.

57 — Deux grands pots à tabac, de Chine, à personnages sculptés sur bois de fer.

58 — Miroir, époque Louis XVI, cadre en bois sculpté et doré.

59 — Encrier ancien en bois noir et bronze doré.

60 — Deux consoles d'appliques en bois de fer sculpté.

61 — Cave à liqueurs ancienne, contenant six flacons en crîstal gravé et doré.

62 — Jolie fontaine en terre cuite, par Amédée Constant : le Tonneau des Danaïdes.

63 — Miroir, cadre sculpté et doré ancien.

64 — Chronomètre de marine.

65 — Fusil ancien à pierre.

66 — Longue vue en cuivre montée sur trépied.

67 — Moulin à café ancien en bois des Iles.

68 — Encrier ancien, époque Louis XV, bois de rose et métal argenté.

69 — Cimeterre ancien, lame damasquinée d'or, fourreau monté en argent.

70 — Deux figurines chinoises en pierre de lard.

71 — Service à thé en argent composé de : bouillote, cafetière, théière, sucrier, pot à lait. Style Louis XV.

72 — Calice en argent. Époque Louis XIV.

73 — Flambeaux, vide-poche, huiliers. Époque Louis XVI. (Sera divisé.)

74 — Jeu d'échecs chinois en ivoire.

75 — Groupe en porcelaine de Saxe composé de six personnages : le Souper galant.

76 — Deux bouteilles en ancienne porcelaine de Chine (forme buires), montures en bronze doré.

77 — Deux coupes en porcelaine ancienne à fleurs, montures en bronze doré.

78 — Deux grands cornets en porcelaine du Japon, décor à compartiments, bords gaufrés.

79 — Garniture de cinq pièces, faïence de Delft.

80 — Deux petites jardinières en ancienne porcelaine d'Allemagne.

81 — Deux plats faïence de Delft, bords gaufrés.

82 — Environ trente assiettes, porcelaine de l'Inde.

83 — Soixante-dix plats et assiettes, porcelaines et faïences. Rouen, Moustiers, Strasbourg, Sarreguemines, Delft. (Sera divisé.)

84 — Service de table pour dix-huit couverts, en porcelaine du Japon.

85 — Deux vases porcelaine de Chine, de la famille verte.

86 — Plat en porcelaine décorée : sujet de chasse.

87 — Deux jolis huiliers, forme baignoires en jaspe rouge du Caucase ; montures en bronze ciselé et doré avec figurines zéphyrs. Époque Louis XVI, avec burettes en verre rehaussé d'or.

88 — Six jolis flambeaux en porphyre oriental ; montures en bronze doré. Époque Louis XVI. (Sera divisé.)

89 — Deux jolis vases cylindriques avec cuovercles en granit vert d'Orient ; montures en bronze doré avec couvercles en agate. Époque Louis XVI.

90 — Deux jardinières analogues.

91 — Deux jardinières analogues.

92 — Très joli meuble-vitrine, de style Louis XV, à côtés cintrés, garni de glaces avec panneau plein au centre ; décor à sujet mythologique en couleur sur fond d'or, encadré de rocailles, sculpté en plein bois. Intérieur garni de peluche rouge.

93 — Jolie petite commode à deux tiroirs, forme cintrée en bois rose et palissandre, ornée de bronzes dorés à rocailles ; dessus en marbre. Époque Louis XV.

94 — Deux candélabres en marbre et bronze Louis XVI à quatre lumières.

95 — Jeu de jaquet en laque.

96 — Panier en faïence, décor polychrome.

97 — Paire de colonnes en marbre brèche violet avec chapiteaux et bases en bronze.

98 — Paire de gaines en marbre ornées de bronzes Louis XVI.

99 — Canapé style Henri II couvert en ancien velours.

100 — Deux fauteuils analogues.

101 — Canapé, coin de feu, capitonné en lampas.

102 — Deux fauteuils et quatre chaises en noyer sculpté, plaques en bois d'olivier.

103 — Fauteuil en bois sculpté couvert en cuir.

104 — Orgue-harmonium de la maison Alexandre.

105 — Petite commode Louis XV ornée de cuivre.

106 — Petit bahut en marqueterie de bois orné de cuivre.

107 — Tabouret-support en bois de fer, incrusté de nacre; dessus en marbre.

108 — Grande chaise italienne incrusté d'ivoire.

109 — Meuble d'entre-deux hollandais, orné d'incrustations de bois.

110 — Groupe bronze : l'Enfant au coq. Grand modèle. Signé.

111 — Deux grandes lampes en faïence de Satzuma, montées en bronze.

112 — Deux grands et beaux supports en bois de fer burgauté.

113 — Paravent à six feuilles en satin brodé or; monture en bois de fer.

114 — Buste de jeune fille en marbre.

115 — Deux beaux vases en faïence de Satzuma

116 — Grand brûle-parfums de Satzuma.

117 — Deux très grands vases en porcelaine de Chine.

118 — Deux brûle-parfums en bronze.

119 — Deux vases en bronze à ornements en haut-relief.

120 — Cadre en argent.

121 — Deux salières en argent.

122 — Petite mandoline écaille et nacre.

123 — Deux grands plats en porcelaine du Japon.

124 — Deux groupes en ivoire.

125 — Deux tubes en ivoire.

126 — Étui à pipe en ivoire.

127 — Boîte à médecine en ancienne laque du Japon.

128 — Grand plateau en cuivre gravé. Travail indien

129 — Boîte à bijoux en bronze, riche décor en haut-relief.

130 — Pot à tabac cloisonné.

131 — Coupe en porcelaine montée bronze.

132 — Poignée de canne en porcelaine de Saxe.

**

133 — Plateau en porcelaine de Dresde.

134 — Deux pots à thé en porcelaine du Japon polychrome.

135 — Deux vases en bronze, gravés et à fleurs en relief.

136 — Porte-cigares cloisonné.

137 — Deux magots en grès.

138 — Coupe-papier japonais.

139 — Six assiettes en porcelaine du Japon.

140 — Deux boîtes à timbres en marqueterie de Bombay.

141 — Socle en bois sculpté et doré japonais.

142 — Six chaises en noyer couvertes en simili-tapisserie. Style Louis XIII.

143 — Deux fauteuils même style.

144 — Bureau plat en acajou orné de cuivres, style Louis XVI, de Kriéger.

145 — Table de nuit ronde en bois sculpté, du temps de Louis XVI

146 — Traversin en satin rouge brodé d'Orient.

147 — Deux instruments de musique sauvage.

148 — Vide-poche en cuir brodé.

149 — Assiette en ancienne pâte tendre de Chantilly.

150 — Soucoupe en vieux Saxe à oiseaux.

151 — Bol en vieux Saxe à fleurs.

152 — Tasse de l'Inde à paysage.

153 — Tasse et soucoupe en vieux Paris blanc à bordure dorée.

154 — Théière de vieux Saxe à fleurs.

155 — Pot à pommade en vieux Sèvres à fleurs.

156 — Tasse en vieux Paris, décor : *Enlèvement de Déjanire.*

157 — Bol en vieux Chine à figures rehaussées d'or.

158 — Assiette en vieux Chine, famille rose, à fleurs.

159 — Assiette en porcelaine à la Reine, à fleurs.

160 — Sucrier de Saxe à fleurs, écailles de poissons et médaillons à sujets guerriers.

161 — Petit plat d'étain à armoirie de France, bords côtelés.

162 — Pied en fer forgé, Louis XIII.

163 — Écran en broderie japonaise à figures, bois noir sculpté.

164 — Table à thé en laque noire à rehauts d'or.

165 — Corbeille de Milan à fleurs.

166 — Corbeille de Saint-Cloud et cuiller

167 — Compotier de Strasbourg à fleurs.

168 — Assiette d'Alcora, décor bleu.

169 — Jardinière de Moustiers à fleurs.

170 — Bouillon en faïence de Strasbourg à fleurs.

171 — Plat en faïence italienne, décor à sujet allégorique.

172 — Plat en barbotine à figure de femme, coiffure à la poudre.

173 — Pot à crème en vieux Saxe, décor à fleurs et insectes.

174 — Figurine en ancienne porcelaine, de Charles Théodore.

175 — Joli groupe de quatre figures en biscuit tendre.

176 — Jolie bouquetière à couvercle, forme corbeille de fleurs, en pâte tendre de Mennecy.

177 — Écuelle avec plateau et couvercle en pâte tendre de vieux Sèvres, décor à fleurs.

178 — Théière en vieux Chine, famille rose, à fleurs.

179 — Compotier en ancienne pâte tendre de Custine.

180 à 184 — Cinq beaux tapis d'Orient de différentes grandeurs. (Seront vendus séparément.)

185 — Jolie coupe en bronze ciselé, argenté et doré.

186 — Plat en cuivre.

BIJOUX — OBJETS DE VITRINE

187 — Paire de boutons d'oreilles composés de deux brillants.

188 — Paire de boutons d'oreilles enrichis de deux turquoises de Vienne entourées de brillants.

189 — Fer à cheval en rubis, saphirs et brillants.

190 — Bracelet en brillants.

191 — Papillon en perle, rubis, saphirs et roses.

192 — Broche forme épée, en brillants, avec poignée en saphirs.

193 — Bracelet en or, rubis et roses.

194 — Broche, étoile en brillants.

195 — Broche, barrette en rubis, brillants et perle fine.

196 — Broche en or, forme nœud en roses.

197 — Bracelet, dentelle en or avec nœud en roses.

198 — Bague composée d'un saphir entouré de brillants.

199 — Broche forme fer à cheval en or et roses.

200 — Broche, barrette en roses et perles.

201 — Broche forme aile, en or, traversée par une flèche en roses.

202 — Broche, libellule en or, enrichie d'un œil-de-chat.

203 — Bague en or composée d'une perle fine et six brillants.

204 — Épingle, fer à cheval en émeraudes et roses.

205 — Épingle en or, forme casquette de jockey.

206 — Cœur en or, argent et roses.

207 — Pendentif en argent émaillé, rubis, émeraudes et perles.

208 — Cadre en argent émaillé, rubis, émeraudes et perles.

209 — Boîte ancienne en porcelaine de Saxe.

210 — Étui en ancienne porcelaine de Saxe.

211 — Bracelet composé de onze gros brillants et cent petits brillants.

212 — Bracelet en rubis et brillants.

213 — Broche forme aigrette en brillants.

214 — Broche forme croissant, en rubis et brillants.

215 — Pendant de cou en brillants.

216 — Paire de boutons d'oreilles composés de deux gros brillants solitaires.

217 — Epingle forme poignard, enrichie d'une grosse perle fine et de roses.

218 — Bague marquise en or, enrichie de dix-neuf brillants.

219 — Bague formée d'une émeraude entourée de brillants.

220 — Bague en or enrichie d'une perle rose, de deux perles blanches et de petits brillants.

221 — Bague enrichie de deux perles fines, deux brillants, un rubis et un saphir.

222 — Bague composée d'un brillant solitaire.

223 — Paire de boutons formés de deux saphirs entourés de brillants.

224 — Bague enrichie d'un saphir et de six brillants.

225 — Bague enrichie d'un saphir et de six brillants.

226 — Bague formée d'un saphir et de sept brillants.

227 — Bague composée d'un brillant et de deux rubis.

228 — Neuf médailles en bronze.

229 — Douze couteaux Louis XVI.

230 — Cinq bagues en or enrichies de roses.

231 — Quatre boucles en argent.

232 — Bonbonnière en argent.

233 — Paire de boutons en or enrichis de brillants.

234 — Porte-plume en or et écaille.

235 — Petit service en argent.

236 — Six gobelets avec leurs plateaux en argent.

237 — Deux bonbonnières et un flacon en écaille.

238 — Porte-allumettes en argent.

239 — Quatre cuillers en argent.

240 — Canne avec pomme en argent.

241 — Trois épingles à cheveux en argent doré enrichies de brillants.

242 — Coupe de point d'Angleterre de 5 m. 35.

243 — Coupe de point à l'aiguille de 4 m. 65.

244 — Coupe d'Alençon de 1 m. 40.

245 — Châtelaine en cuivre doré, Louis XVI.

246 — Éventail en laque de Chine à rehauts d'or.

247 — Éventail Louis XVI, peinture sur soie, monture en ivoire.

248 — Seau à anse en faïence, décor polychrome.

249 — Deux candélabres à quatre lumières, en bronze doré et marbre blanc, Louis XVI.

250 — Petite poudrière en buis sculpté à figures. XVIe siècle.

251 — Petit flacon, étui de nécessaire en cristal monté en argent.

252 — Coupe en agate montée en argent. Style Louis XIII.

253 — Boîte à jetons en bois laqué et décoré.

254 — Navette en ivoire, Louis XVI.

255 — Étui en ivoire sculpté à jour, à fleurs et figures.

256 — Étui en nacre monté en or.

257 — Étui en argent.

258 — Flacon en argent ciselé. Époque Louis XIV.

259 — Deux salières en argent ciselé de l'Empire.

260 — Drageoir en argent repoussé, forme coquille, Louis XV.

261 — Boîte à mouches en écaille, montée en argent et burgautée, Louis XV.

262 — Petite cuiller en argent, Louis XV.

263 — Boîte forme baril, à deux compartiments en nacre, monture argent, Louis XVI.

264 — Collier de petites perles.

265 — Collier en argent.

266 — Bas-relief en cuivre argenté : la Nativité ; cadre en bois noir.

267 — Deux écrins de boîtes sur cuir doré au petit fer.

268 — Éléphant en albâtre rehaussé d'or.

269 — Presse-papier, forme éléphant, en ivoire.

270 — Groupe équestre, en ivoire japonais.

271 — Bouton en ivoire japonais et bronze ciselé.

272 — Flacon en pierre de lard japonais.

273 — Petite cassolette montée en argent doré, Louis XIII.

274 — Tire-bouchons en fer du XVIe siècle.

275 — Débourre-pipe et briquet en fer découpé du XVIe siècle.

TABLEAUX — GRAVURES — PASTELS

276 — **Boucher (François).** Portrait de femme. Allégorie de la jeunesse. Charmant pastel.

277 — **Greuze** (D'après). La Cruche cassée.

278 — **École flamande.** Paysage avec animaux : chiens, chats, paon et volailles.

279 — **Greuze** (D'après). Jeune fille et chien.

280 — **École française du XVIIIe siècle**. Tête de jeune femme en costume Louis XVI.

281 — **Chardin** (Attribuée à). Jeune fille tricotant.

282 — **École italienne**. Empereur du Bas-Empire.

283 — **Inconnu**. Jeune fille endormie.

284 — **École flamande**. La Cueillette des pommes.

285 — **Leprince** (Attribué à). Nymphe surprise.

286 — **École française du XVIIe siècle**. Scène d'intérieur (femmes assises). Sur bois.

287 — **Mathieu Cathers** (D'après). Les Épreuves de sainte Cunégonde.

288 — Deux petits trumeaux anciens (paysages en grisailles animés de figures).

289 — Fruits et enfant.

290 — Animaux (deux pendants).

291 — Nature morte.

292 — Dix gravures encadrées (sujets de batailles.

293 — Vingt-trois gravures et lithographies (sujets divers).

294 — Vue de Luxembourg (gravure ancienne en couleur).

295 — L'Éducation d'Achille (gravure).

296 — **Lallemant**. Deux paysages (aquarelles) cadres en bois sculpté. Époque Louis XVI.

297 — **Saffrey**. Vue de Montsouris. Aquarelle.

298 — **Saffrey**. Vue du Pont d'Austerlitz. Aquarelle.

299 — **École française**. Portrait de grande dame, époque Louis XVI. Joli pastel.

300 — **École française**. Trois portraits de femme. XVIIIe siècle. Pastel.

301 — **Ecole française**. Portrait de gentilhomme. Pastel.

302 — **Casanova**. Scène champêtre. Joli dessin. Signé.

303 — **Chardin**. Sept dessins.

304 — Objets non catalogués.

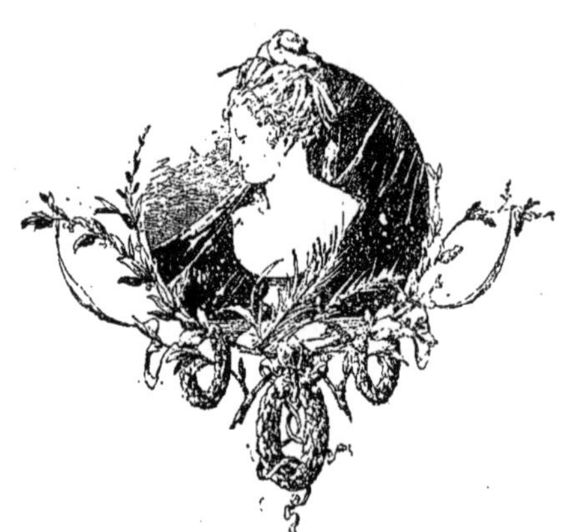

www.ingramcontent.com/pod-product-compliance
Ingram Content Group UK Ltd.
Pitfield, Milton Keynes, MK11 3LW, UK
UKHW020513180726
13839UKWH00005B/2057

9 782329 533315